Keeping records and consistent notes of your Tarot readings allows for reflection upon your practice and serves as a tool to deepen your understanding of the cards.

This Tarot Journal was designed for recording daily readings.

Each entry page has space for making note of (or sketching) the card that comes up for you, as well as designated spaces for date, time, the deck from which you make your query, your question, general meaning of the card drawn, and space for your intuitive interpretation of the card in relation to your situation. Additional space is provided for later reflections on the reading and the outcome of the situation.

Use these pages as a companion to your practice to strengthen your divination skills.

Date _____ Time _____ Deck _____

Question _____

_____

Card Drawn _____

Upright ☐   Reversed ☐

General Meaning _____

_____

_____

_____

Intuitive Thoughts _____

_____

_____

_____

*Intuitive Thoughts Continued:*_____

_____

_____

_____

_____

_____

*Later Reflections on Outcome:*_____

_____

_____

_____

_____

_____

Date _____ Time _____ Deck _____

Question _____

_____

Card Drawn _____

Upright ☐   Reversed ☐

General Meaning _____

_____

_____

_____

Intuitive Thoughts _____

_____

_____

_____

Intuitive Thoughts Continued: _____

_____

_____

_____

_____

_____

Later Reflections on Outcome: _____

_____

_____

_____

_____

_____

Date _____ Time _____ Deck _____

Question _____

_____

Card Drawn _____

Upright ☐ Reversed ☐

General Meaning _____

_____

_____

_____

Intuitive Thoughts _____

_____

_____

_____

Intuitive Thoughts Continued: _____

_____

_____

_____

_____

_____

Later Reflections on Outcome: _____

_____

_____

_____

_____

_____

Date _____   Time_____   Deck_____

Question_____

_____

Card Drawn_____

Upright ☐   Reversed ☐

General Meaning_____

_____

_____

_____

Intuitive Thoughts_____

_____

_____

_____

*Intuitive Thoughts Continued:*_____

_____

_____

_____

_____

_____

*Later Reflections on Outcome:*_____

_____

_____

_____

_____

_____

Date _____ Time_____ Deck_____

Question_____

_____

Card Drawn_____

Upright ☐ Reversed ☐

General Meaning_____

_____

_____

_____

Intuitive Thoughts_____

_____

_____

_____

Intuitive Thoughts Continued:

_____

_____

_____

_____

_____

Later Reflections on Outcome:

_____

_____

_____

_____

_____

Date _____ Time_____ Deck_____

Question_____

_____

Card Drawn_____

Upright ☐ Reversed ☐

General Meaning_____

_____

_____

_____

Intuitive Thoughts_____

_____

_____

_____

Intuitive Thoughts Continued: _____

_____

_____

_____

_____

_____

Later Reflections on Outcome: _____

_____

_____

_____

_____

_____

Date _____ Time _____ Deck _____

Question _____

_____

Card Drawn _____

Upright ☐   Reversed ☐

General Meaning _____

_____

_____

_____

Intuitive Thoughts _____

_____

_____

_____

Intuitive Thoughts Continued: _____

_____

_____

_____

_____

_____

Later Reflections on Outcome: _____

_____

_____

_____

_____

_____

Date _____ Time _____ Deck _____

Question _____

_____

Card Drawn _____

Upright ☐ Reversed ☐

General Meaning _____

_____

_____

_____

Intuitive Thoughts _____

_____

_____

_____

*Intuitive Thoughts Continued:*_____

_____

_____

_____

_____

*Later Reflections on Outcome:*_____

_____

_____

_____

_____

Date _____ Time _____ Deck _____

Question _____

_____

Card Drawn _____

Upright ☐   Reversed ☐

General Meaning _____

_____

_____

_____

Intuitive Thoughts _____

_____

_____

_____

Intuitive Thoughts Continued: _____

_____

_____

_____

_____

_____

Later Reflections on Outcome: _____

_____

_____

_____

_____

Date _____ Time _____ Deck _____

Question _____

_____

Card Drawn _____

Upright ☐ Reversed ☐

General Meaning _____

_____

_____

_____

Intuitive Thoughts _____

_____

_____

_____

*Intuitive Thoughts Continued:*_____

_____

_____

_____

_____

_____

*Later Reflections on Outcome:*_____

_____

_____

_____

_____

_____

Date _____ Time_____ Deck_____

Question_____

_____

Card Drawn_____

Upright ☐ Reversed ☐

General Meaning_____

_____

_____

_____

Intuitive Thoughts_____

_____

_____

_____

Intuitive Thoughts Continued: _____

_____

_____

_____

_____

_____

Later Reflections on Outcome: _____

_____

_____

_____

_____

_____

Date _____ Time _____ Deck _____

Question _____

_____

Card Drawn _____

Upright ☐ Reversed ☐

General Meaning _____

_____

_____

_____

Intuitive Thoughts _____

_____

_____

_____

Intuitive Thoughts Continued:

_____

_____

_____

_____

_____

Later Reflections on Outcome:

_____

_____

_____

_____

_____

Date _____ Time _____ Deck _____

Question _____

_____

Card Drawn _____

Upright ☐   Reversed ☐

General Meaning _____

_____

_____

_____

Intuitive Thoughts _____

_____

_____

_____

Intuitive Thoughts Continued: _____

_____

_____

_____

_____

_____

Later Reflections on Outcome: _____

_____

_____

_____

_____

_____

Date _____ Time _____ Deck _____

Question _____

_____

Card Drawn _____

Upright ☐   Reversed ☐

General Meaning _____

_____

_____

_____

Intuitive Thoughts _____

_____

_____

_____

*Intuitive Thoughts Continued:*_____

_____

_____

_____

_____

_____

*Later Reflections on Outcome:*_____

_____

_____

_____

_____

_____

Date _____ Time _____ Deck _____

Question _____

_____

Card Drawn _____

Upright ☐   Reversed ☐

General Meaning _____

_____

_____

_____

Intuitive Thoughts _____

_____

_____

_____

*Intuitive Thoughts Continued:*_____

_____

_____

_____

_____

_____

*Later Reflections on Outcome:*_____

_____

_____

_____

_____

_____

Date _____ Time _____ Deck _____

Question _____

_____

Card Drawn _____

Upright ☐ Reversed ☐

General Meaning _____

_____

_____

_____

Intuitive Thoughts _____

_____

_____

_____

*Intuitive Thoughts Continued:*_____

_____

_____

_____

_____

_____

*Later Reflections on Outcome:*_____

_____

_____

_____

_____

_____

Date _____ Time _____ Deck _____

Question _____

_____

Card Drawn _____

Upright ☐ Reversed ☐

General Meaning _____

_____

_____

_____

Intuitive Thoughts _____

_____

_____

_____

Intuitive Thoughts Continued: _____

_____

_____

_____

_____

_____

Later Reflections on Outcome: _____

_____

_____

_____

_____

_____

Date _____ Time _____ Deck _____

Question _____

_____

Card Drawn _____

Upright ☐   Reversed ☐

General Meaning _____

_____

_____

_____

Intuitive Thoughts _____

_____

_____

_____

*Intuitive Thoughts Continued:*_____

_____

_____

_____

_____

_____

*Later Reflections on Outcome:*_____

_____

_____

_____

_____

_____

Date _____ Time_____ Deck_____

Question_____

_____

Card Drawn_____

Upright ☐ Reversed ☐

General Meaning_____

_____

_____

_____

Intuitive Thoughts_____

_____

_____

_____

Intuitive Thoughts Continued: _____

_____

_____

_____

_____

_____

Later Reflections on Outcome: _____

_____

_____

_____

_____

_____

Date _____ Time _____ Deck _____

Question _____

_____

Card Drawn _____

Upright ☐ Reversed ☐

General Meaning _____

_____

_____

_____

Intuitive Thoughts _____

_____

_____

_____

*Intuitive Thoughts Continued:*_____

_____

_____

_____

_____

_____

*Later Reflections on Outcome:*_____

_____

_____

_____

_____

_____

Date _____ Time _____ Deck _____

Question _____

_____

Card Drawn _____

Upright ☐ Reversed ☐

General Meaning _____

_____

_____

_____

Intuitive Thoughts _____

_____

_____

_____

*Intuitive Thoughts Continued:*_____

_____

_____

_____

_____

_____

*Later Reflections on Outcome:*_____

_____

_____

_____

_____

_____

Date _____ Time_____ Deck_____

Question_____

_____

Card Drawn_____

Upright ☐ Reversed ☐

General Meaning_____

_____

_____

_____

Intuitive Thoughts_____

_____

_____

_____

Intuitive Thoughts Continued: _____

_____

_____

_____

_____

_____

Later Reflections on Outcome: _____

_____

_____

_____

_____

_____

Date _____ Time_____ Deck_____

Question_____

_____

Card Drawn_____

Upright ☐   Reversed ☐

General Meaning_____

_____

_____

_____

Intuitive Thoughts_____

_____

_____

_____

Intuitive Thoughts Continued: _____

_____

_____

_____

_____

_____

Later Reflections on Outcome: _____

_____

_____

_____

_____

_____

Date _____ Time_____ Deck_____

Question_____

_____

Card Drawn_____

Upright ☐ Reversed ☐

General Meaning_____

_____

_____

_____

Intuitive Thoughts_____

_____

_____

_____

Intuitive Thoughts Continued: _____

_____

_____

_____

_____

_____

Later Reflections on Outcome: _____

_____

_____

_____

_____

Date _____ Time_____ Deck_____

Question_____

_____

Card Drawn_____

Upright ☐   Reversed ☐

General Meaning_____

_____

_____

_____

Intuitive Thoughts_____

_____

_____

_____

Intuitive Thoughts Continued: _____

_____

_____

_____

_____

_____

Later Reflections on Outcome: _____

_____

_____

_____

_____

_____

Date _____ Time _____ Deck _____

Question _____

_____

Card Drawn _____

Upright ☐   Reversed ☐

General Meaning _____

_____

_____

_____

Intuitive Thoughts _____

_____

_____

_____

*Intuitive Thoughts Continued:*_____

_____

_____

_____

_____

_____

*Later Reflections on Outcome:*_____

_____

_____

_____

_____

Date _____ Time _____ Deck _____

Question_____

_____

Card Drawn_____

Upright ☐ Reversed ☐

General Meaning_____

_____

_____

_____

Intuitive Thoughts_____

_____

_____

_____

Intuitive Thoughts Continued: _____

_____

_____

_____

_____

Later Reflections on Outcome: _____

_____

_____

_____

_____

Date _____ Time _____ Deck _____

Question _____

_____

Card Drawn _____

Upright ☐   Reversed ☐

General Meaning _____

_____

_____

_____

Intuitive Thoughts _____

_____

_____

_____

Intuitive Thoughts Continued: _____

_____

_____

_____

_____

_____

Later Reflections on Outcome: _____

_____

_____

_____

_____

_____

Date _____ Time _____ Deck _____

Question _____

_____

Card Drawn _____

Upright ☐ Reversed ☐

General Meaning _____

_____

_____

_____

Intuitive Thoughts _____

_____

_____

_____

*Intuitive Thoughts Continued:*_____

_____

_____

_____

_____

*Later Reflections on Outcome:*_____

_____

_____

_____

_____

Date _____ Time _____ Deck _____

Question _____

_____

Card Drawn _____

Upright ☐   Reversed ☐

General Meaning _____

_____

_____

_____

Intuitive Thoughts _____

_____

_____

_____

Intuitive Thoughts Continued: _____

_____

_____

_____

_____

_____

Later Reflections on Outcome: _____

_____

_____

_____

_____

Date _____ Time _____ Deck _____

Question _____

_____

Card Drawn _____

Upright ☐   Reversed ☐

General Meaning _____

_____

_____

_____

Intuitive Thoughts _____

_____

_____

_____

Intuitive Thoughts Continued: _____

_____

_____

_____

_____

_____

Later Reflections on Outcome: _____

_____

_____

_____

_____

_____

Date _____ Time_____ Deck_____

Question_____

_____

Card Drawn_____

Upright ☐   Reversed ☐

General Meaning_____

_____

_____

_____

Intuitive Thoughts_____

_____

_____

_____

Intuitive Thoughts Continued: _____

_____

_____

_____

_____

_____

Later Reflections on Outcome: _____

_____

_____

_____

_____

_____

Date _____ Time _____ Deck _____

Question _____

_____

Card Drawn _____

Upright ☐   Reversed ☐

General Meaning _____

_____

_____

_____

Intuitive Thoughts _____

_____

_____

_____

Intuitive Thoughts Continued: _____

_____

_____

_____

_____

_____

Later Reflections on Outcome: _____

_____

_____

_____

_____

Date _____ Time_____ Deck_____

Question_____

_____

Card Drawn_____

Upright ☐ Reversed ☐

General Meaning_____

_____

_____

_____

Intuitive Thoughts_____

_____

_____

_____

Intuitive Thoughts Continued: _____

_____

_____

_____

_____

_____

Later Reflections on Outcome: _____

_____

_____

_____

_____

_____

Date _____ Time _____ Deck _____

Question _____

_____

Card Drawn _____

Upright ☐   Reversed ☐

General Meaning _____

_____

_____

_____

Intuitive Thoughts _____

_____

_____

_____

Intuitive Thoughts Continued: _____

_____

_____

_____

_____

_____

Later Reflections on Outcome: _____

_____

_____

_____

_____

Date _____ Time _____ Deck _____

Question _____

_____

Card Drawn _____

Upright ☐ Reversed ☐

General Meaning _____

_____

_____

_____

Intuitive Thoughts _____

_____

_____

_____

Intuitive Thoughts Continued: _____

_____

_____

_____

_____

_____

Later Reflections on Outcome: _____

_____

_____

_____

_____

_____

Date _____ Time _____ Deck _____

Question _____

_____

Card Drawn _____

Upright ☐ Reversed ☐

General Meaning _____

_____

_____

_____

Intuitive Thoughts _____

_____

_____

_____

*Intuitive Thoughts Continued:*_____

_____

_____

_____

_____

_____

*Later Reflections on Outcome:*_____

_____

_____

_____

_____

_____

Date _____ Time _____ Deck _____

Question _____

_____

Card Drawn _____

Upright ☐   Reversed ☐

General Meaning _____

_____

_____

_____

Intuitive Thoughts _____

_____

_____

_____

Intuitive Thoughts Continued:

_____

_____

_____

_____

_____

Later Reflections on Outcome:

_____

_____

_____

_____

_____

Date _____ Time _____ Deck _____

Question _____

_____

Card Drawn _____

Upright ☐   Reversed ☐

General Meaning _____

_____

_____

_____

Intuitive Thoughts _____

_____

_____

_____

Intuitive Thoughts Continued:

_____

_____

_____

_____

_____

_____

Later Reflections on Outcome:

_____

_____

_____

_____

_____

Date _____ Time _____ Deck _____

Question _____

_____

Card Drawn _____

Upright ☐ Reversed ☐

General Meaning _____

_____

_____

_____

Intuitive Thoughts _____

_____

_____

_____

Intuitive Thoughts Continued: _____

_____

_____

_____

_____

_____

Later Reflections on Outcome: _____

_____

_____

_____

_____

_____

Date _____ Time _____ Deck _____

Question _____

_____

Card Drawn _____

Upright ☐ Reversed ☐

General Meaning _____

_____

_____

_____

Intuitive Thoughts _____

_____

_____

_____

Intuitive Thoughts Continued: _____

_____

_____

_____

_____

_____

Later Reflections on Outcome: _____

_____

_____

_____

_____

_____

Date _____   Time _____   Deck _____

Question _____

_____

Card Drawn _____

Upright ☐   Reversed ☐

General Meaning _____

_____

_____

_____

Intuitive Thoughts _____

_____

_____

_____

Intuitive Thoughts Continued: _____

_____

_____

_____

_____

_____

Later Reflections on Outcome: _____

_____

_____

_____

_____

_____

Date _____ Time_____ Deck_____

Question_____

_____

Card Drawn_____

Upright ☐ Reversed ☐

General Meaning_____

_____

_____

_____

Intuitive Thoughts_____

_____

_____

_____

*Intuitive Thoughts Continued:*_____

_____

_____

_____

_____

_____

*Later Reflections on Outcome:*_____

_____

_____

_____

_____

_____

Date _____ Time _____ Deck _____

Question _____

_____

Card Drawn _____

Upright ☐   Reversed ☐

General Meaning _____

_____

_____

_____

Intuitive Thoughts _____

_____

_____

_____

Intuitive Thoughts Continued: _____

_____

_____

_____

_____

_____

Later Reflections on Outcome: _____

_____

_____

_____

_____

_____

Date _____ Time _____ Deck _____

Question _____

_____

Card Drawn _____

Upright ☐   Reversed ☐

General Meaning _____

_____

_____

_____

Intuitive Thoughts _____

_____

_____

_____

*Intuitive Thoughts Continued:*_____

_____

_____

_____

_____

_____

*Later Reflections on Outcome:*_____

_____

_____

_____

_____

_____

Date _____ Time_____ Deck_____

Question_____

_____

Card Drawn_____

Upright ☐ Reversed ☐

General Meaning_____

_____

_____

_____

Intuitive Thoughts_____

_____

_____

_____

Intuitive Thoughts Continued: _____

_____

_____

_____

_____

Later Reflections on Outcome: _____

_____

_____

_____

_____

Date _____   Time_____   Deck_____

Question_____

_____

Card Drawn_____

Upright ☐   Reversed ☐

General Meaning_____

_____

_____

_____

Intuitive Thoughts_____

_____

_____

_____

Intuitive Thoughts Continued:

_____

_____

_____

_____

_____

Later Reflections on Outcome:

_____

_____

_____

_____

_____

Date _____ Time_____ Deck_____

Question_____

_____

Card Drawn_____

Upright ☐ Reversed ☐

General Meaning_____

_____

_____

_____

Intuitive Thoughts_____

_____

_____

_____

Intuitive Thoughts Continued: _____

_____

_____

_____

_____

_____

Later Reflections on Outcome: _____

_____

_____

_____

_____

_____

Date _____ Time _____ Deck _____

Question _____

_____

Card Drawn _____

Upright ☐ Reversed ☐

General Meaning _____

_____

_____

_____

Intuitive Thoughts _____

_____

_____

_____

Intuitive Thoughts Continued: _____

_____

_____

_____

_____

_____

Later Reflections on Outcome: _____

_____

_____

_____

_____

_____

Date _____ Time _____ Deck _____

Question _____

_____

Card Drawn _____

Upright ☐   Reversed ☐

General Meaning _____

_____

_____

_____

Intuitive Thoughts _____

_____

_____

_____

Intuitive Thoughts Continued:

_____

_____

_____

_____

_____

Later Reflections on Outcome:

_____

_____

_____

_____

_____

Date _____ Time_____ Deck_____

Question_____

_____

Card Drawn_____

Upright ☐   Reversed ☐

General Meaning_____

_____

_____

_____

Intuitive Thoughts_____

_____

_____

_____

*Intuitive Thoughts Continued:*_____

_____

_____

_____

_____

_____

*Later Reflections on Outcome:*_____

_____

_____

_____

_____

_____

Date _____ Time _____ Deck _____

Question _____

_____

Card Drawn _____

Upright ☐ Reversed ☐

General Meaning _____

_____

_____

_____

Intuitive Thoughts _____

_____

_____

_____

Intuitive Thoughts Continued: _____

_____

_____

_____

_____

_____

Later Reflections on Outcome: _____

_____

_____

_____

_____

_____

Date _____ Time _____ Deck _____

Question _____
_____

Card Drawn _____

Upright ☐   Reversed ☐

General Meaning _____
_____
_____
_____

Intuitive Thoughts _____

_____
_____
_____

Intuitive Thoughts Continued:

_____

_____

_____

_____

_____

Later Reflections on Outcome:

_____

_____

_____

_____

_____

Date _____ Time _____ Deck _____

Question _____

_____

Card Drawn _____

Upright ☐   Reversed ☐

General Meaning _____

_____

_____

_____

Intuitive Thoughts _____

_____

_____

_____

*Intuitive Thoughts Continued:*_____

_____

_____

_____

_____

_____

*Later Reflections on Outcome:*_____

_____

_____

_____

_____

_____

Date _____ Time _____ Deck _____

Question _____

_____

Card Drawn _____

Upright ☐   Reversed ☐

General Meaning _____

_____

_____

_____

Intuitive Thoughts _____

_____

_____

_____

*Intuitive Thoughts Continued:*_____

_____

_____

_____

_____

_____

*Later Reflections on Outcome:*_____

_____

_____

_____

_____

_____

Date _____ Time _____ Deck _____

Question _____

_____

Card Drawn _____

Upright ☐   Reversed ☐

General Meaning _____

_____

_____

_____

Intuitive Thoughts _____

_____

_____

_____

Intuitive Thoughts Continued: _____

_____

_____

_____

_____

_____

Later Reflections on Outcome: _____

_____

_____

_____

_____

_____

Date _____ Time _____ Deck _____

Question _____

_____

Card Drawn _____

Upright ☐ Reversed ☐

General Meaning _____

_____

_____

_____

Intuitive Thoughts _____

_____

_____

_____

Intuitive Thoughts Continued:

_____

_____

_____

_____

_____

Later Reflections on Outcome:

_____

_____

_____

_____

_____

Date _____ Time _____ Deck _____

Question _____

_____

Card Drawn _____

Upright ☐   Reversed ☐

General Meaning _____

_____

_____

_____

Intuitive Thoughts _____

_____

_____

_____

Intuitive Thoughts Continued: _____

_____

_____

_____

_____

_____

Later Reflections on Outcome: _____

_____

_____

_____

_____

_____

Date _____ Time _____ Deck _____

Question _____

_____

Card Drawn _____

Upright ☐ Reversed ☐

General Meaning _____

_____

_____

_____

Intuitive Thoughts _____

_____

_____

_____

Intuitive Thoughts Continued: _____

_____

_____

_____

_____

_____

Later Reflections on Outcome: _____

_____

_____

_____

_____

_____

Date _____ Time _____ Deck _____

Question _____

_____

Card Drawn _____

Upright ☐   Reversed ☐

General Meaning _____

_____

_____

_____

Intuitive Thoughts _____

_____

_____

_____

Intuitive Thoughts Continued: _____

_____

_____

_____

_____

_____

Later Reflections on Outcome: _____

_____

_____

_____

_____

_____

Date _____ Time _____ Deck _____

Question _____

_____

Card Drawn _____

Upright ☐   Reversed ☐

General Meaning _____

_____

_____

_____

Intuitive Thoughts _____

_____

_____

_____

Intuitive Thoughts Continued:

Later Reflections on Outcome:

Date _____ Time _____ Deck _____

Question _____

_____

Card Drawn _____

Upright ☐   Reversed ☐

General Meaning _____

_____

_____

_____

Intuitive Thoughts _____

_____

_____

_____

Intuitive Thoughts Continued: _____

_____

_____

_____

_____

_____

Later Reflections on Outcome: _____

_____

_____

_____

_____

_____

Date _____ Time _____ Deck _____

Question _____

_____

Card Drawn _____

Upright ☐   Reversed ☐

General Meaning _____

_____

_____

_____

Intuitive Thoughts _____

_____

_____

_____

*Intuitive Thoughts Continued:*_____

_____

_____

_____

_____

_____

*Later Reflections on Outcome:*_____

_____

_____

_____

_____

_____

Date _____ Time _____ Deck _____

Question _____

_____

Card Drawn _____

Upright ☐   Reversed ☐

General Meaning _____

_____

_____

_____

Intuitive Thoughts _____

_____

_____

_____

Intuitive Thoughts Continued: _____

_____

_____

_____

_____

_____

Later Reflections on Outcome: _____

_____

_____

_____

_____

_____

Date _____ Time _____ Deck _____

Question _____

_____

Card Drawn _____

Upright ☐ Reversed ☐

General Meaning _____

_____

_____

_____

Intuitive Thoughts _____

_____

_____

_____

Intuitive Thoughts Continued: _____

_____

_____

_____

_____

_____

Later Reflections on Outcome: _____

_____

_____

_____

_____

_____

Date _____ Time _____ Deck _____

Question _____

_____

Card Drawn _____

Upright ☐ Reversed ☐

General Meaning _____

_____

_____

_____

Intuitive Thoughts _____

_____

_____

_____

Intuitive Thoughts Continued:_____

_____

_____

_____

_____

_____

Later Reflections on Outcome:_____

_____

_____

_____

_____

_____

Date _____ Time _____ Deck _____

Question _____

_____

Card Drawn _____

Upright ☐ Reversed ☐

General Meaning _____

_____

_____

_____

Intuitive Thoughts _____

_____

_____

_____

*Intuitive Thoughts Continued:*_____

_____

_____

_____

_____

_____

*Later Reflections on Outcome:*_____

_____

_____

_____

_____

_____

Date _____ Time_____ Deck_____

Question_____

_____

Card Drawn_____

Upright ☐   Reversed ☐

General Meaning_____

_____

_____

_____

Intuitive Thoughts_____

_____

_____

_____

Intuitive Thoughts Continued: _____

_____

_____

_____

_____

_____

Later Reflections on Outcome: _____

_____

_____

_____

_____

_____

Date _____ Time _____ Deck _____

Question _____

_____

Card Drawn _____

Upright ☐ Reversed ☐

General Meaning _____

_____

_____

_____

Intuitive Thoughts _____

_____

_____

_____

Intuitive Thoughts Continued: _____

_____

_____

_____

_____

_____

Later Reflections on Outcome: _____

_____

_____

_____

_____

_____

Date _____ Time _____ Deck _____

Question _____

_____

Card Drawn _____

Upright ☐   Reversed ☐

General Meaning _____

_____

_____

_____

Intuitive Thoughts _____

_____

_____

_____

*Intuitive Thoughts Continued:*_____

_____

_____

_____

_____

_____

*Later Reflections on Outcome:*_____

_____

_____

_____

_____

_____

Date _____ Time _____ Deck _____

Question _____

_____

Card Drawn _____

Upright ☐ Reversed ☐

General Meaning _____

_____

_____

_____

Intuitive Thoughts _____

_____

_____

_____

Intuitive Thoughts Continued:_____

_____

_____

_____

_____

_____

Later Reflections on Outcome:_____

_____

_____

_____

_____

_____

Date _____ Time _____ Deck _____

Question _____

_____

Card Drawn _____

Upright ☐   Reversed ☐

General Meaning _____

_____

_____

_____

Intuitive Thoughts _____

_____

_____

_____

Intuitive Thoughts Continued: _____

_____

_____

_____

_____

_____

Later Reflections on Outcome: _____

_____

_____

_____

_____

_____

Tarot Journals by Hand of Fortune include:

Tarot Journal, One Card Daily Draw

Tarot Journal, Three Card Spread

Tarot Journal, Five Card Spread

Tarot Journal, Ten Card Celtic Cross Spread

Visit www.HandofFortune.com to view our latest collection of beautiful Tarot Journals

14659626R10088